Die Beteiligung der Personalräte an Baumaßnahmen und Anmietungen nach dem Landespersonal- vertretungsrecht in Nordrhein-Westfalen

Mit besonderer Berücksichtigung der Verhältnisse an Hochschulen

Dr. Detlef Berntzen

ISBN-10: 149602365X
ISBN-13: 978-1496023650

INHALTSVERZEICHNIS

1 Einleitung

Dieser Beitrag zum Personalvertretungsrecht ist inspiriert durch den Beitrag von Dr. Arnim Ramm mit dem Titel „Beteiligung des Personalrats bei baulichen Maßnahmen" in der Zeitschrift für Personalvertretungsrecht aus dem Jahr 2014.[1]

Ramm geht in seinem Aufsatz von den allgemeinen Vorschriften des Betriebsverfassungsgesetzes aus und gelangt so zu allgemeinen Grundsätzen der Beteiligung des Personalrats an baulichen Maßnahmen.

Der Autor dieser Zeilen möchte die Ausführungen in zwei Richtungen konkretisieren und damit handlungsnäher darlegen. Zum einen bezieht sich dieser Beitrag auf das Landespersonalvertretungsrecht in Nordrhein-Westfalen. Dieses geht im Anhörungsrecht zu baulichen Maßnahmen weiter als das Betriebsverfassungsgesetz, weil es ausdrücklich die Anmietung von Diensträumen mit einbezieht.

Zum anderen werden konkrete Beteiligungsfälle vor

---

[1] Ramm: Beteiligung des Personalrats bei baulichen Maßnahmen. ZfPR 2014.

dem Hintergrund von Personalratsarbeit an den Hochschulen des Landes nachgezeichnet. Hierbei ist die besondere Situation im Land NRW zu beachten, dass die allermeisten Hochschulen nicht im Eigentum der selbstgenutzten Gebäude stehen, sondern diese als Mieter des Bau- und Liegenschaftsbetriebs des Landes nutzen.

Daher wird dieser Beitrag sich wie folgt entsprechend der Vorgabe von Ramm[2] gliedern: zunächst werden die allgemeinen rechtlichen Grundlagen für die Beteiligung des Personalrats an Baumaßnahmen und Anmietungen dargestellt, um im Anschluss daran die Tatbestände der Neu-, Um- und Erweiterungsbauten einerseits und der Anmietungen im Anhörungsverfahren andererseits zu betrachten. In einigen, wenn nicht sogar in vielen Fällen wird nicht nur der Tatbestand der Anhörungspflicht gegeben sein, sondern von Dienststelle und Personalrat werden weitergehende Mitbestimmungstatbestände in die Betrachtung der entsprechenden Maßnahme einbezogen werden müssen. Zwei der wichtigsten Punkte sind hier die Arbeitsplatzgestaltung und der vorsorgende Arbeits- und Gesundheitsschutz. Abschließend wird das Initiativrecht des Personalrats diskutiert, um Raum für eigene gestalterische Ansätze im Personalvertretungsgremium aufzuzeigen.

Abschließend wird das Initiativrecht des Personalrats hinsichtlich der Bau- und Mietmaßnahmen beleuchtet. Auch hier kommt die Unterscheidung

---

[2] Ramm: Beteiligung des Personalrats bei baulichen Maßnahmen. ZfPR 2014.

zwischen allgemeinen Anregungen nach § 64 LPVG NRW und speziellen Initiativen nach § 72 LPVG zum Tragen.

2 Beteiligung des Personalrats an Baumaßnahmen und Anmietungen

Baumaßnahmen einer Dienststelle dienen unterschiedlichen Zwecken. Zunächst wird der Aspekt der Aufgabenerfüllung der Dienststelle im Vordergrund stehen. Die Dienststelle - beispielhaft die Hochschule - wird für die Verbesserung des Dienstleistungsangebots Neubauten errichten, etwa um mehr Seminarräume und/oder Laborplätze für eine gestiegene Zahl an Studierenden zur Verfügung stellen zu können.

Daneben treten aber auch weitere Aspekte, wie die menschengerechte Gestaltung der Arbeit auf der Grundlage der gegenwärtigen, gesicherten wissenschaftlichen Erkenntnisse.[3] Ramm weist in diesem Zusammenhang mit Recht darauf hin, dass hier allgemeine gesetzliche Vorgaben zu beachten

---

[3] Benecke, in: Richardi/Dorner/Weber, Personal Vertretungsrecht, Komm.,4. Aufl. 2012, § 78 Rn. 57

sind, die zur Gesundheit und Arbeitszufriedenheit der Mitarbeiter im allgemeinen, aber auch der behinderten Menschen, speziell der behinderten Mitarbeiter beitragen. Einschlägig sind hier die §§ 4,7 und 8 des Behindertengleichstellungsgesetzes. [4]

Die Beteiligung des Personalrats nach dem Landespersonalvertretungsgesetz Nordrhein-Westfalen (LPVG NRW) ergibt sich aus dem § 75 zu den anhörungspflichtigen Angelegenheiten. Danach ist der Personalrat anzuhören bei der Planung von Neu-, Um- und Erweiterungsbauten sowie der Anmietung von Diensträumen (§ 75 Abs. 1 Nr. 3 LPVG NRW). Damit wird der § 78 Abs. 4 BPersVG in Landesrecht übernommen und erweitert.

Da -wie oben erläutert - bauliche Maßnahmen Nebenzwecke erfüllen müssen oder können, treten zu dem Anhörungsrecht konkurrierende Mitbestimmungsrechte nach dem LPVG hinzu. Die in diesem Zusammenhang auch von Ramm als wesentlichste Mitbestimmungsrechte[5] angesehenen Beteiligungsrechte des Personalrats ergeben sich aus den Bestimmungen zur Gestaltung der Arbeitsplätze (§ 72 Absatz 4 Nr. 10 LPVG NRW) und aus den Bestimmungen über Maßnahmen zur Verhütung von Dienst- und Arbeitsunfällen und sonstigen Gesundheitsschädigungen einschließlich Maßnahmen vorbereitender und präventiver Art (§ 72 Abs. 4 Nr. 7

---

[4] Ramm: Beteiligung des Personalrats bei baulichen Maßnahmen. ZfPR 2014. S. 17

[5] Ramm: Beteiligung des Personalrats bei baulichen Maßnahmen. ZfPR 2014. S. 17

LPVG NRW).

Darüber hinaus führt Ramm folgende Tatbestände an:

> „Des Weiteren können bauliche Veränderungen auch einen Bezug zur Einführung und Anwendung technischer Einrichtungen zur Überwachung des Verhaltens oder der Leistung der Beschäftigten {§ 75 Abs. 3 Nr. 17 BPersVG), zur Hebung der Arbeitsleistung und Erleichterung des Arbeitsablaufs (§ 76 Abs. 2 Nr. 5 BPersVG) sowie zur Einführung grundlegend neuer Arbeitsmethoden (§ 76 Abs. 2 Nr. 7 BPersVG) aufweisen. Schließlich kommen Baumaßnahmen auch im Zusammenhang mit der Errichtung, Verwaltung und Auflösung von Sozialeinrichtungen in Betracht (§ 75 Abs. 3 Nr. 5 BPersVG)."[6]

Die entsprechenden rechtlichen Bestimmungen im Landespersonalvertretungsgesetz von Nordrhein-Westfalen finden sich an folgenden Stellen:

- Einführung, Anwendung und Erweiterung technischer Anlagen, die zur Verhaltenskontrolle geeignet sind (§ 72 Abs. 3 Nr. 2 LPVG NRW)
- Maßnahmen zur Hebung der Arbeitsleistung (§ 72 Abs. 3 Nr. 4 LPVG NRW)
- Einführung grundlegend neuer Arbeitsmethoden (§ 72 Abs. 3 Nr. 3 LPVG

---

[6] Ramm: Beteiligung des Personalrats bei baulichen Maßnahmen. ZfPR 2014. S. 17

NRW)
- Errichtung, Verwaltung oder Auflösung von Sozialeinrichtungen (§72 Abs. 2 Nr.4 LPVG NRW)

3 Neu-, Um- und Erweiterungsbauten und Anmietungen

Die Beteiligungsrechte des Personalrats bei baulichen Maßnahmen und Anmietung sind explizit im § 75 Absatz 1 Nr. 3 LPVG NRW verankert. Dort heißt es:

> „Der Personalrat ist anzuhören bei [...] der Planung von Neu-, Um- und Erweiterungsbauten sowie der Anmietung von Diensträumen. [...]"

Die Anhörung ist dabei eine sehr schwache Form der Beteiligung des Personalrats, die allerdings sehr frühzeitig einsetzt, nämlich im Planungsstadium von Baumaßnahmen oder Anmietungen. Abzugrenzen ist dagegen die Einrichtung neuer Arbeitsplätze in neuen, umgebauten oder angemieteten Diensträumen, die der Mitbestimmung nach § 72 LPVG unterliegen. Sie sind der Anhörung bei der Planung der Maßnahmen zeitlich nachgelagert.

Aus der praktischen Erfahrung lässt sich hierzu sagen, dass eine gute Planung und eine ordnungsgemäße

Einbeziehung der Personalvertretung selbstverständlich die Umsetzung der mitbestimmungspflichtigen Maßnahmen außerordentlich positiv und beschleunigend beeinflussen kann. Hier sollte die Dienststellenvertretung auf größtmögliche Transparenz achten, um nicht ungewollt in Verzögerungen zu geraten.

3.1. Definitionen

Unter Diensträumen versteht man alle Gebäude oder
Gebäudeteile, in denen die Dienststelle für eine
gewisse Dauer untergebracht ist.[7] Dabei sind nicht
nur die Räume gemeint, in denen sich die eigentlichen
Arbeitplätze befinden, sondern alle Einrichtungen
baulicher Natur, die für den Arbeitsplatz, den
Arbeitsablauf und die Arbeitsumgebung von
Bedeutung sind. Dazu gehören Toiletten, Umkleiden,
aber auch Notfalleinrichtungen wie Notduschen bei
Laboren. [8]

Ein Baumaßnahme liegt dann vor, wenn in die
Bausubstanz eingegriffen wird.

Neu- und Erweiterungsbauten sind
umgangssprachlich verständlich: sie charakterisieren
bauliche Maßnahmen, die auf eine Vergrößerung der
Bausubstanz hinauslaufen und regelmäßig auch zu
Errichtung neuer Arbeitsplätze führen.

Umbaumaßnahmen müssen gegen
Instandsetzungsmaßnahmen abgegrenzt werden.
Ramm erläutert dazu:

„Schwieriger hingegen ist die Definition von

---

[7] Neubert/Sandfort/Lorenz/Kochs:
Landespersonalvertretungsgesetz für das Land Nordrhein-
Westfalen. Essen 2012. S. 581

[8] Vgl. Ramm: Beteiligung des Personalrats bei baulichen
Maßnahmen. ZfPR 2014. S. 18

Umbaumaßnahmen, bei denen zwar ein bestehender Zustand geändert wird, dieser jedoch nicht zwangsläufig mit einer deutlichen Veränderung der Bausubstanz verbunden ist. Insoweit kann es sich auch um Renovierungs- und Instandhaltungsarbeiten handeln, die nicht zu den baulichen Maßnahmen i.S.d. § 78 Abs. 4 BPersVG zählen (z. B. Ausbesserung von beschädigten Treppenstufen; Trocknung feuchter Wände; Verputzung von Außenfassaden). Diese Maßnahmen sind nicht auf die Veränderung, sondern auf den Erhalt der Bausubstanz gerichtet. Sie sind notwendig, um den Dienstbetrieb unverändert aufrechtzuerhalten, und unterliegen daher nicht der Beteiligung der Personal Vertretung.

Da jedoch Umbaumaßnahmen nach § 78 Abs. 4 BPersVG eine Beteiligung des Personalrats auslösen, müssen sie eine Eigenschaft aufweisen, die sie von den Erhaltungsarbeiten abhebt. Die Differenzierung wird deshalb daran festgemacht, ob die Baumaßnahme nicht nur Auswirkungen am Gebäude und den Diensträumen, sondern auch auf die Beschäftigten entfaltet (z.B. Zumauern von Fenstern in Fluren, Entfernung von Lichtkuppeln in Büroräumen, ersatzloser Ausbau von Toilettenstühlen)."[9]

Anmietungen definieren sich nach dem Bürgerlichen Gesetzbuch (§ 535 BGB). Dort heißt es im Absatz 1:

---

[9] Ramm: Beteiligung des Personalrats bei baulichen Maßnahmen. ZfPR 2014. S. 18

„Durch den Mietvertrag wird der Vermieter verpflichtet, dem Mieter den Gebrauch der Mietsache während der Mietzeit zu gewähren. Der Vermieter hat die Mietsache dem Mieter in einem zum vertragsgemäßen Gebrauch geeigneten Zustand zu überlassen und sie während der Mietzeit in diesem Zustand zu erhalten. Er hat die auf der Mietsache ruhenden Lasten zu tragen."

Daraus ergibt sich die gesetzliche Pflicht zu Renovierungs- und Unterhaltungsmaßnahmen bei angemieteten Diensträumen zu. Diese Art der baulichen Maßnahmen unterliegen nicht der Mitbestimmung nach LPVG.

In Zusammenhang mit der auf der Mietsache ruhenden Lasten gemäß § 535 BGB sind bei Diensträumen insbesondere die als Nebenkosten bekannten finanziellen Belastungen zu nennen, sowie regelmäßig auch die Betriebskosten der angemieteten Räume.

Bei Diensträumen, die vom Bau- und Liegenschaftsbetrieb Nordrhein-Westfalen angemietet werden, werden die Mietkosten vom Land regelmäßig in den Zuschusshaushalt der anmietenden Institution eingestellt, so auch bei den Hochschulen im Land. Mieten für BLB-Gebäude sind regelmäßig durchlaufende Posten in den Bilanzen der Hochschulen.

Problematisch für die Hochschulen sind die Neben-

und Betriebskosten für die angemieteten Räumlichkeiten. Für diese Kosten werden zwar im Haushalt des Landes Mittel für die Hochschulen bereitgestellt, jedoch sind diese in den letzten Jahren den Preissteigerungen nicht angepasst worden. Das macht sich vor allem bei den Energiekosten negativ bemerkbar.

Absatz 2 des § 535 BGB sieht vor:

„Der Mieter ist verpflichtet, dem Vermieter die vereinbarte Miete zu entrichten."

Dies bedeutet aber nicht, dass überhaupt Mieten gezahlt werden müssen. An vielen Hochschulstandorten überlässt der Bau- und Liegenschaftsbetrieb NRW nach Abnutzung von Gebäuden diese den Fachhochschulen oder Universitäten durchaus zur Nutzung ohne Miete – jedoch bei Übernahme der Verkehrssicherungspflichten in den Gebäuden.

Für Personalräte ist bei den letztgenannten mietfreien Anmietung besondere Aufmerksamkeit geboten, weil die Mietsachen oft in einem Zustand sind, der eine Fortsetzung der bisherigen Nutzung – sei es als Labore oder als Büroräume – aus Grundsätzen des Arbeitsschutzes nicht zulässt.

3.2. Beteiligung der Personalvertretung

3.2.1 Zweck und Art der Mitwirkung[10]

Der Zweck der Mitbestimmung bei Baumaßnahmen ergibt sich aus den allgemeinen Aufgaben des Personalrats, die im § 64 LPVG festgelegt sind. Dazu gehören die Vermeidung von Unfall- und Gesundheitsgefahren und der Einsatz zur Durchführung gesundheitsfördernder Maßnahmen und des Arbeitsschutzes (§ 64 Nr. 4)., aber auch die Förderung von schwerbehinderten Beschäftigten und anderen schutzbedürftigen Personen (§ 64 Nr. 6). Einschlägig ist auch die Aufgabe, Maßnahmen - eben auch bauliche - anzuregen, die dem Umweltschutz in der Dienststelle dienen. Nimmt man dann noch die Arbeitsschutzgesetze hinzu, deren Überwachung nach § 64 Nr. 2 ebenfalls zu den Aufgaben des Personalrats gehören, kann man dieses unter dem Stichwort „Humanisierung des Arbeitsplatzes" zusammenfassen.

Die Beteiligungsform des Personalrats beschränkt sich auf die Anhörung. Dabei ist zu beachten, dass diese Form der Personalratsbeteiligung die schwächste Form der Mitbestimmung darstellt. Daher ist der Personalrat immer aufgefordert, hier seine Rechte besonders genau wahrzunehmen, weil er sonst von den entsprechenden Entscheidungen gänzlich ausgeschlossen wird.

---

[10] Ramm: Beteiligung des Personalrats bei baulichen Maßnahmen. ZfPR 2014. S. 18

Nach § 75 Abs. 2 LPVG NRW hat die Anhörung als nicht formalisiertes Verfahren so frühzeitig zu erfolgen, dass der Personalrat sich äußern kann (Stellungnahmerecht) und diese Äußerung noch Einfluss auf die Willensbildung in der Dienststelle hat (prozessbegleitende Mitbestimmung)

Gerade weil die Rechte des Personalrats in den Anhörungsverfahren eingeschränkt sind, muss er diese immer wieder mit besonderem Nachdruck einfordern. Dabei sollte das Gremium deutliche Maßnahmen ergreifen, die die Dienststelle zur Stellungnahme herausfordert.

Die Vierteljahresgespräche mit der Dienststelle stellen dabei im Rahmen der vertrauensvollen Zusammenarbeit den ersten Schritt dar. Dort sollte mit den Vertretern von Dienststelle und Verwaltung eine klare Absprache über den Informationsfluss in Sachen Baumaßnahmen abgestimmt werden. Bei konkreten Fällen ist die Anhörung unter Nennung der gewünschten Dokumente (z.B. Umbaupläne, Raumbelegungspläne etc.) und Festlegung eines konkreten Erfüllungsdatums (max. 2 Wochen) einzufordern. Die Dienststelle sollte unbedingt darauf verpflichtet werden, die Verantwortlichkeit auf ihrer Seite für die Erfüllung der Forderungen festzulegen.

Wir die Anhörung verschleppt oder verweigert, sollte eine letzte Nachfrist gesetzt werden (1 Woche). Danach sollten die Organe der Rechtspflege damit befasst werden. Dazu sollte der Personalrat einen Beschluss zur Konsultation eines Rechtsanwalts in der Angelegenheit fassen. Dieser wird letztmalig die

Dienststelle schriftlich auffordern, die Anhörung durchzuführen.

Sollte die Dienststelle sich nach wie vor verweigern, hat der Personalrat einen Beschluss zur Durchführung eines Beschlusssacheverfahrens vor dem zuständigen Verwaltungsgericht zu fassen und eine Kanzlei mit der Rechtsvertretung zu betrauen.

Alternativ kann es notwendig sein, um überhaupt noch Einfluss auf Planungen nehmen zu können, das Mittel des Antrags auf einstweilige Anordnung zur Anwendung zu bringen. Dies ist immer dann gegeben, wenn die Beschlussfassung der Dienststelle über eine Maßnahme unmittelbar bevorsteht und der Personalrat nicht angehört wurde.

3.2.2. Anhörung - Zeitpunkt und Form[11]

Im Anhörungsverfahren selber gilt wie in allen anderen mitbestimmungsverfahren der Grundsatz der prozessbegleitenden Mitbestimmung. Damit ist der Personalrat über erste Planungen über künftige Baumaßnahmen zu informieren. Das bedeutet bereits eine Beteiligung weit im Vorfeld möglicher beteiligungspflichtiger Tatbestände. Diese Tatsache ist ein Argument des Personalrats gegenüber der Dienststelle für eine frühe Einschaltung des Gremiums: je eher beteiligungsrelevante Problem erkannt werden, umso eher können sie in der Planung

---

[11] Vgl. Ramm: Beteiligung des Personalrats bei baulichen Maßnahmen. ZfPR 2014. S. 18-19

berücksichtigt und später in der Maßnahme - dann reibungslos – umgesetzt werden.

Daneben gilt für das Anhörungsverfahren weiterhin, dass die Dienststelle den Personalrat umfassend informiert. Aus Sicht von Ramm heißt dies operationalisiert: Der Personalrat muss in der Lage sein, sich ohne eigene weitere Nachforschungen ein Bild von der Baumaßnahme und deren Auswirkung auf die gesamte Dienststelle zu machen.

Die Art der vorzulegenden Unterlagen kann aus der Landeshaushaltsordnung Nordrhein-Westfalen entnommen werden. Dort heißt es im § 24 Abs 1. zu Baumaßnahmen, größere Beschaffungen, größere Entwicklungsvorhaben

> „Ausgaben und Verpflichtungsermächtigungen für Baumaßnahmen dürfen erst veranschlagt werden, wenn Pläne, Kostenermittlungen und Erläuterungen vorliegen, aus denen die Art der Ausführung, die Kosten der Baumaßnahme, des Grunderwerbs und der Einrichtungen sowie die vorgesehene Finanzierung und ein Zeitplan ersichtlich sind. Den Unterlagen ist eine Schätzung der nach Fertigstellung der Maßnahme entstehenden jährlichen Haushaltsbelastungen beizufügen.“

Anhörungen können in bestimmten Fällen durchaus mündlich erfolgen, jedoch ist dies bei

Baumaßnahmen grundsätzlich zu negieren. Dazu sind die notwendigen Informationen auf Grund Ihrer Komplexität mündlich nicht darstellbar (Gebäudepläne) und nicht überprüfbar (Finanzierungspläne). Daher sollte der Personalrat immer auf vollständige schriftliche Unterlegen gemäß Landeshaushaltsordnung bestehen, und zwar ab dem Zeitpunkt, zu dem der erste Plan zur Baumaßnahme erstellt wird.

3.2.3. Stellungnahme[12]

Im Landespersonalvertretungsgesetz heißt es zur Stellungnahme des Personalrats im § 75 Abs. 2:

> Die Anhörung hat so rechtzeitig zu erfolgen, daß die Äußerung des Personalrats noch Einfluß auf die Willensbildung der Dienststelle nehmen kann.

Die Äußerung – gemeinhin Stellungnahme genannt – sollte der Personalrat schriftlich abgeben, insbesondere dann, wenn er Bedenken und Anregungen zur Baumaßnahme oder zu Anmietung machen will. Dies dient u.a. der Beweissicherung in möglicherweise folgenden Mitbestimmungsverfahren und stellt die Dienststelle vor die Notwendigkeit, die schriftlich vorgebrachten Argumente des Gremiums tatsächlich in der Entscheidungsfindung zu bewerten

[12] Vgl. Ramm: Beteiligung des Personalrats bei baulichen Maßnahmen. ZfPR 2014. S. 19

und zu berücksichtigen.

3.3. Zuständiger Personalrat[13]

In Dienststellen, in denen eine Stufenvertretung des Personalrats gegeben ist, kann es zu Abgrenzungsproblemen in der Zuständigkeit der Gremien bei konkreten Um- oder Neubaumaßnahmen kommen. Bei Anmietungen ist jedenfalls die Zuständigkeit eindeutig bei dem Personalrat gegeben, der als Mieter auftritt – egal ob gegenüber dem Bau- und Liegenschaftsbetrieb des Landes oder einem sonstigen Dritten.

---

[13] Vgl. Ramm: Beteiligung des Personalrats bei baulichen Maßnahmen. ZfPR 2014. S. 19

3.4. Teilnahme an Besprechungen[14]

Der Personalrat hat kein Vertretungsrecht gegenüber Dritten außerhalb der Dienststelle. Dies gilt auch für öffentliche Behörden. Daraus ergibt sich, dass die Personalräte kein Anrecht auf die Teilnahme an Besprechungen haben – auch bei Besprechungen mit dem Bau- und Liegenschaftsbetrieb des Landes. Ansprechpartner für das Gremium ist und bleibt die Dienststelle und die Verwaltung derselben.

Hierbei macht es Sinn, dass dort, wo die Dienststelle eine eigene Bauabteilung unterhält, regelmäßige Besprechungen zwischen dem Personalrat und dem verantwortlichen Leiter/der verantwortlichen Leiterin dieser Abteilung zu führen. Über diese Gespräche sollte der Personalrat die Verwaltung Protokolle anfertigen lassen, um die Gesprächsthemen und die Zusagen der Verwaltung dokumentieren zu können.

An weiterführenden Gesprächen mit dem Bau- und Liegenschaftsbetrieb kann die Teilnahme von Personalratsvertretern durchaus auch aus Sicht der Dienststelle Sinn machen. Deshalb sollten hier entsprechende Abmachungen zwischen der Dienststellenleitung und dem Gremium getroffen werden.

---

[14] Vgl. Ramm: Beteiligung des Personalrats bei baulichen Maßnahmen. ZfPR 2014. S. 19

4.
Mitbestimmungstatbest ände[15]

Im Zusammenhang mit Baumaßnahmen und Anmietungen kommen neben den Anhörungsrechten auch Mitbestimmungsrechte der Personalräte zum Tragen. Dabei geht es einerseits um die Gestaltung der neuen oder der nach Umbau neugestalteten Arbeitsplätze einerseits und um die Fragen der Verhütung von Arbeitsunfällen oder gesundheitlichen Gefahren. Dabei geht es einerseits um die generelle Aufgabe des Personalrats, die Einhaltung der gesetzlichen Vorgaben im Arbeitsschutz einzufordern, andererseits aber um die konkreten Anregungen zur Verbesserung der Arbeitsplatzsituation generell.

---

[15] Vgl. Ramm: Beteiligung des Personalrats bei baulichen Maßnahmen. ZfPR 2014. S. 20-25

4.1. Gestaltung der Arbeitsplätze

Hinsichtlich des Begriffs des Arbeitsplatzes wird in der juristischen Literatur stets auf das Bundesverwaltungsgerichtsurteil vom 15.1.1978 verwiesen (BVerwG v. 15.12.78 – 6 P 13.78). Dort heißt es:

> „Der Arbeitsplatz im Sinne des § 75 Abs. 3 Nr. 16 BPersVG ist räumlich zu sehen, nämlich als der räumliche Bereich, in dem der Beschäftigte tätig ist, und seine unmittelbare Umgebung. Darunter fällt also die Anordnung der Arbeitsmittel und der Arbeitsgegenstände, mit denen der Beschäftigte an diesem umgrenzten Ort seine Arbeitsleistung erbringt. So gesehen muß der Arbeitsplatz nicht in einem bestimmten Gebäude liegen oder stationär sein; er kann sich auch im Freien oder in einem Fahrzeug befinden und darüber hinaus in der Weise beweglich sein, daß der Beschäftigte an verschiedenen Orten seine ihm zufallende Arbeitsleistung erbringen muß."

Die Ausgestaltung und Ausstattung der Arbeitsplätze muss sich dabei am Grundsatz der menschengerechten Gestaltung des Arbeitsplatzes orientieren, wie das Bundesverwaltungsgericht im gleichen Urteil festgeschrieben hat:

> Der Zweck der Vorschrift besteht [...] darin,

durch eine menschengerechte Gestaltung des Arbeitsplatzes die schutzwürdigen Belange des Beschäftigten zu wahren. Zu diesen schutzwürdigen Belangen gehören funktionsgerechte Einrichtungen, körpergerechte Sitzmöbel und Ausschaltung und Abwendung von nachteiligen Einflüssen der Arbeitsumgebung. Das alles bezieht sich auf den Arbeitsplatz als räumlichen Faktor, nicht aber auf die Arbeitsaufgabe (Funktion, Tätigkeit, Arbeitsleistung). Zwar ist auch für die Gestaltung des Arbeitsplatzes die an ihm zu erbringende Arbeitsleistung von Bedeutung. Sie ist ausschlaggebend dafür, wie ein Arbeitsplatz zu gestalten ist. Die Funktion ist damit ein gestaltender Faktor, aber nicht der Arbeitsplatz selbst.

4.1.1. Voraussetzung der Mitbestimmung[16]

Was ein Arbeitsplatz ist und was Gestaltung generell bedeutet, ist schon erläutert worden. Das Räumlichkeitsprinzip des Arbeitsplatzes ist dabei von zentraler Bedeutung. Dabei kommt es nicht darauf an, ob in der Räumlichkeit dauerhaft gearbeitet wird. Der Arbeitsplatz kann auch wechseln (z.B. zwischen Laborarbeitsplatz und Büroarbeitsplatz). Der Arbeitsplatz muss auch nicht notwendig von immer

---

[16] Vgl. Ramm: Beteiligung des Personalrats bei baulichen Maßnahmen. ZfPR 2014. S. 20

ein und derselben Person genutzt werden (Jobsharing). Zudem können mehrere Arbeitsplätze in einem Raum zusammenliegen und dabei funktional aufeinander bezogen sein – etwa durch die physische Weitergabe von Arbeitsmaterial oder Arbeitsergebnissen. Vom Arbeitsplatzbegriff ausgenommen sind Räumlichkeiten, die nicht der Arbeit dienen (Toiletten, Umkleidekabinen, Duschräume, Flure und Treppenhäuser). Für deren Ausgestaltung gelten die Vorschriften des Arbeitsschutzes und des Baurechts (etwa die Verordnung für Sonderbauten NRW bei Versammlungsstätten).

Die Mitbestimmung greift dabei in zwei Fällen, die typischerweise bei Neubauten und Anmietungen einerseits und bei Umbauten andererseits eintreten:

a)   Die Ausgestaltung neu einzurichtender Arbeitsplätze

b)   Die Umgestaltung vorhandener Arbeitsplätze

Dabei kommen folgende Fragestellungen in Betracht:

-   Wieviele Arbeitsplätze sind in einem Raum geplant? Werden die Raumrichtwerte (z.B. für Büroräume) eingehalten

-   Welche Geräte befinden sich im Raum? Gehen von diesen Belastungen aus?

-   Ist der Raum hinsichtlich der Beleuchtung und Belüftung sachgerecht ausgestattet?

4.1.2. Zweck der Mitbestimmung[17]

Die menschengerechte Gestaltung der Arbeitsplätze ist der Hauptzweck der Mitbestimmung durch die Personalräte. Die hat das Bundesverwaltungsgericht bereits wie oben ausgeführt verdeutlicht, wobei der jeweils aktuelle Stand der Wissenschaft anzuwenden ist.

Dabei geht es um die Gesundheit der Mitarbeiter und Mitarbeiterinnen, und zwar sowohl hinsichtlich der physischen Gesundheit, die durch Lärm, Hitze oder Kälte, Gerüche und Ausgasungen, Schmutz etc. gefährdet werden kann, als auch um psychische Gefährdungen. Zusätzlich sind die Beschäftigten vor Überbeanspruchung (z.B. durch übermäßiges Tragen schwerer Lasten) in Schutz zu nehmen.

Aber nicht nur die Vermeidung von Gefährdungen oder gar konkreten Gefahren gehört hierher, sondern auch alle Maßnahmen der Arbeitserleichterung.

Nicht der Mitbestimmung unterliegen allerdings Bagatellen, wie die Veränderung der Anordnung von Möbeln oder das Umstellen eines PCs, wenn davon keine Beeinträchtigungen zu erwarten sind.

4.1.3. Zeitpunkt der Mitbestimmung[18]

Der Zeitpunkt der Mitbestimmung bei

[17] Vgl. Ramm: Beteiligung des Personalrats bei baulichen Maßnahmen. ZfPR 2014. S. 20

Neubaumaßnahmen und Anmietungen liegt spätestens dann vor, wenn die Dienststelle ihre Planungen soweit konkretisiert hat, dass sie Raumpläne für die Unterbringung von Mitarbeiterinnen und Mitarbeiter aufstellt. Bei Umbaumaßnahmen ist ebenfalls in diesem Stadium ein Mitbestimmungstatbestand zu sehen, wenn die räumliche Planung wesentliche räumliche Veränderungen der Arbeitsplätze vorsieht (z. B. Verkleinerung von Räumen, Zusammenlegen von Arbeitsplätzen aus mehreren Räumen in weniger oder sogar nur einen Raum).

In diesem Zusammenhang ist zu fragen, wann die Mitbestimmung bei der Einrichtung eines neuen Arbeitsplatzes zu erfolgen hat, wenn dem nicht Neu- oder Umbaumaßnahmen oder eine Anmietung zu Grunde liegen. In diesem Fall muss sich die vorangegangene Planung soweit konkretisiert haben, dass entsprechende Anschaffungen (z.B. von Arbeitsgerät) bevorsteht.

4.1.4. Arbeitsplatzgestaltung und Baumaßnahmen[19]

Somit ist abschließend zu bemerken, dass eine

---

[18] Vgl. Ramm: Beteiligung des Personalrats bei baulichen Maßnahmen. ZfPR 2014. S. 21

[19] Vgl. Ramm: Beteiligung des Personalrats bei baulichen Maßnahmen. ZfPR 2014. S. 21

Baumaßnahme immer nur dann eine beteiligungspflichte Angelegenheit im Sinne der Gestaltung von Arbeitsplätzen in sich birgt, wenn die Arbeitsräume, Büroräume, Werkstätten, Labore etc. vom Bau oder Umbau betroffen sind. Auch bei Anmietungen gilt dieser Grundsatz. Lageräume, die nur gelegentlich betreten werden, um Material zwischen zu lagern oder aus diesen abzuholen, fallen nicht unter die Mitbestimmung.

4.2. Verhütung von Dienst- und Arbeitsunfällen und sonstigen Gesundheitsschädigungen[20]

Die Verhütung von Dienst- und Arbeitsunfällen sowie von Gesundheitsschäden ist der Fürsorgepflicht des Arbeitgebers geschuldet. Dabei gelten für Beamte die Regelungen nach § 78 Bundesbeamtengesetzes. Dort heißt es:

> „Der Dienstherr hat im Rahmen des Dienst- und Treueverhältnisses für das Wohl der Beamtinnen und Beamten und ihrer Familien, auch für die Zeit nach Beendigung des Beamtenverhältnisses, zu sorgen. Er schützt die Beamtinnen und Beamten bei ihrer amtlichen Tätigkeit und in ihrer Stellung."

Für alle anderen Beschäftigten gilt das im bürgerlichen Gesetzbuch (BGB) festgelegte Dienstrecht, zu dem es im § 618 Abs 1 heißt:

> „Der Dienstberechtigte hat Räume, Vorrichtungen oder Gerätschaften, die er zur Verrichtung der Dienste zu beschaffen hat, so einzurichten und zu unterhalten und Dienstleistungen, die unter seiner Anordnung oder seiner Leitung vorzunehmen sind, so zu regeln, dass der Verpflichtete gegen Gefahr für

[20] Vgl. Ramm: Beteiligung des Personalrats bei baulichen Maßnahmen. ZfPR 2014. S. 21-22

Leben und Gesundheit soweit geschützt ist, als die Natur der Dienstleistung es gestattet."

Diese Fürsorgepflicht ist nach § 619 BGB nicht durch Vertrag abdingbar.

Die allgemeine Fürsorgepflicht wird im Arbeitsschutzgesetz (ArbSchG) konkretisiert. Einschlägig ist hier der § 4 ArbSchG:

„Der Arbeitgeber hat bei Maßnahmen des Arbeitsschutzes von folgenden allgemeinen Grundsätzen auszugehen:
1. Die Arbeit ist so zu gestalten, daß eine Gefährdung für das Leben sowie die physische und die psychische Gesundheit möglichst vermieden und die verbleibende Gefährdung möglichst gering gehalten wird;
2. Gefahren sind an ihrer Quelle zu bekämpfen;
3. bei den Maßnahmen sind der Stand von Technik, Arbeitsmedizin und Hygiene sowie sonstige gesicherte arbeitswissenschaftliche Erkenntnisse zu berücksichtigen;
4. Maßnahmen sind mit dem Ziel zu planen, Technik, Arbeitsorganisation, sonstige Arbeitsbedingungen, soziale Beziehungen und Einfluß der Umwelt auf den Arbeitsplatz sachgerecht zu verknüpfen;
5. individuelle Schutzmaßnahmen sind nachrangig zu anderen Maßnahmen;

6. spezielle Gefahren für besonders schutzbedürftige Beschäftigtengruppen sind zu berücksichtigen;
7. den Beschäftigten sind geeignete Anweisungen zu erteilen;
8. mittelbar oder unmittelbar geschlechtsspezifisch wirkende Regelungen sind nur zulässig, wenn dies aus biologischen Gründen zwingend geboten ist."

Diese oben genannten Grundsätze des Arbeitsschutzes werden in weiterer Verordnung (z.B. der Bildschirmarbeitsplatzverordnung) näher ausgestaltet.

Diese gesetzlichen Vorgaben und Verordnungen sind entsprechend bei der Planung neuer oder der Umgestaltung bestehender Arbeitsplätze zur Beurteilung einer beabsichtigten Baumaßnahme oder Anmietung heranzuziehen. Insofern besteht ein Mitbestimmungstatbestand nach § 72 Abs. 4 Nr. 7.

Dieser Mitbestimmungstatbestand bezieht sich zudem ausdrücklich auch auf Maßnahmen vorbereitender und präventiver Art, die natürlich durch geeignete bauliche Vorkehrungen Berücksichtigung finden müssen.

Zuletzt sollte unbedingt bemerkt werden, dass die Verhütung von Dienst- und Arbeitsunfällen und die präventiven Maßnahmen sich nicht allein auf gesetzlich vorgegebene Normen beziehen müssen, sondern darüber hinaus gehen können.

Hinsichtlich der Abgrenzung zwischen den Tatbeständen des § 72 Abs. 4 Nr. 10 (Gestaltung der Arbeitsplätze) und des § 72 Abs. 4 Nr. 7 (Maßnahmen zur Verhütung von Dienst- und Arbeitsunfälle) bedarf es keinerlei gedanklicher Klimmzüge. Da beide Tatbestände mitbestimmungspflichtige Maßnahmen betreffen und damit denselben Rechtsweg über die Stufenvertretung resp. die Einigungsstelle zum obersten Dienstherrn gehen, sollte der Personalrat im Zweifel beide Gesetzesbezüge angeben, um Streitigkeiten hinsichtlich der Zuordnung von Maßnahmen zu vermeiden.

4.3. Prüfung des Beteiligungsumfangs[21]

Zwei Punkte sind hinsichtlich des Beteiligungsumfanges nach dem Vorgesagten zu beachten:

1. Handelt es sich um einen nur anhörungspflichtigen Tatbestand nach § 75 Abs. 1 Nr. 3 LPVG oder sind damit (zusätzlich) mitbestimmungspflichtige Tatbestände nach § 72 LPVG verbunden (z.B. Abs. 4 Nr. 7 und Abs. 4 Nr. 10)?

2. Handelt es sich um ein Bauvorhaben, dass der Erfüllung der hoheitlichen Aufgaben der Dienststelle dient?

Je eher die zweite Frage positiv zu beantworten ist, umso geringer sind die Einflussmöglichkeiten des Personalrats anzusehen. Hierzu führt Ramm aus:

> „Beim gleichzeitigen Vorliegen einer Baumaßnahme i.S.v. § 78 Abs. 4 BPersVG sowie eines Mitbestimmungstatbestandes ist entscheidend, ob die beabsichtigte Maßnahme eine bedeutende Auswirkung auf die Aufgabenerfüllung entfaltet. Soweit dies nicht der Fall ist, bestehen beide

---

[21] Vgl. Ramm: Beteiligung des Personalrats bei baulichen Maßnahmen. ZfPR 2014. S. 22

Beteiligungstatbestände nebeneinander, und die Personal Vertretung ist sowohl im Rahmen der Anhörung als auch des Mitbestimmungsverfahrens zu beteiligen. Beinhaltet die Maßnahme hingegen eine derartige Außenwirkung, so ist die neuere Rechtsprechung des Bundesverwaltungsgerichts dahingehend zu interpretieren, dass das schwächere Anhörungsrecht nicht mehr das stärkere Mitbestimmungsrecht verdrängt. Vielmehr kommt es in diesem Fall neben der Anhörung zu einer eingeschränkten Mitbestimmung. Diese besagt, dass es im Fall der Uneinigkeit zwischen Dienststelle und Personal Vertretung zu einer Empfehlung - anstelle von Entscheidung - der Einigungsstelle kommen kann. Die letztverbindliche Entscheidung bleibt jedoch der obersten Dienstbehörde als demokratisch legitimierten und über die Regierung dem Parlament verantwortlichen Organ vorbehalten.

Dieses Verfahren ist nunmehr auch dann anzuwenden, wenn eine bauliche Maßnahme lediglich einen Mitbestimmungtatbestand erfüllt, sie aber zugleich bedeutsame Auswirkungen auf die Aufgabenerfüllung besitzt - entgegen der früheren

Rechtsprechung, die in dieser Fallkonstellation keine Mitbestimmung der Person a l Vertretung vorsah.

Sofern sich eine Maßnahme ausschließlich auf innerdienstliche Angelegenheiten ohne (bedeutsamen) Einfluss auf die Aufgabenerfüllung bezieht, bleibt es bei den einschlägigen gesetzlichen Regelungen der uneingeschränkten Mitbestimmung."[22]

Einige Fallbeispiele aus dem Bereich der Hochschule mag dieses erläutern:

Fall 1:

Die Hochschule plant ein neues Labor- und Bürogebäude für ein neues Drittmittelprojekt zusammen mit dem Bau- und Liegenschaftsbetrieb des Landes Nordrhein-Westfalen (BLB). Das Gebäude wird vom BLB errichtet und anschließend an die Universität vermietet.

In diesem Fall liegt wegen der Anmietung auf jeden Fall ein anhörungspflichtiger Tatbestand vor, da neue Arbeitsplätze errichtet werden sollen. Labore unterliegen aber der besonderen Aufsicht hinsichtlich des Arbeits- und Umweltschutzes, so dass ohne Weiteres eine mitbestimmungspflichtige Beteiligung

---

[22] Ramm: Beteiligung des Personalrats bei baulichen Maßnahmen. ZfPR 2014. S.24-25

vom Personalrat angenommen werden kann. Eine hoheitliche Aufgabe wird in diesem Zusammenhang in keinster Weise sichtbar, da es sich ausdrücklich um ein Drittmittelprojekt handelt.

Allerdings bedingt die Bauausführung durch den BLB, dass die Personalvertretung nur indirekt über die Dienststelle mit dem Bauherrn in Kontakt treten kann und somit in der Planungs- und Umsetzungsphase nur bedingt mitbestimmungspflichtig beteiligt werden kann.

Andererseits werden die Dienststelle wie der BLB gut daran tun, Einwände der Personalvertretung frühzeitig zu berücksichtigen, um nicht im Falle der konkreten Ausgestaltung der Arbeitsplätze nach Bauabschluss in ein Verfahren zu gelangen, dass ihnen kostspielige Umbaumaßnahmen auszwingt.

Fall 2:

Die Hochschule plant ein neues kombiniertes Seminar und Bürogebäude, um die anstehenden erweiterten Studierendenzahlen bewältigen zu können.

Seminar- und Vortragsräume sind Arbeitsplätze für Wissenschaftlerinnen und Wissenschaftler, indem sie nämlich dort einen Teil der geschuldeten Arbeit in Form der Unterrichtung von Studierenden ableisten. Insofern steht ein solches Gebäude nicht nur im

Bereich der Büroräume, sondern auch der Vortrags- und Seminarräume zumindest in der Anhörung durch den Personalrat.

Selbstverständlich ist die entsprechende Baumaßnahme so zu verstehen, dass neue Arbeitsplätze – auch im Bürobereich – entstehen sollen. Insofern ist der Personalrat auch mitbestimmungspflichtig nach § 72 Abs. 4 Nr. 10 hinsichtlich der Gestaltung der Arbeitsplätze.

Die Sonderbauverordnung NRW regelt den Bau eines solchen Gebäudes und sieht in diesem Fall eine Brandschutzordnung vor. Die Brandschutzordnung regelt viele Tatbestände der präventiven Verhütung von Gesundheitsgefährdungen, so dass hier gleichfalls ein Mitbestimmungsrecht nach § 72 Abs. 4 Nr. 7 anzunehmen ist.

Die Brandschutzordnung für den Gebäudeneubau ist ein wichtiges Dokument für die Mitbestimmung, weist sie doch wesentliche Informationen aus, die für die Bewertung des Personalrats auch in Sachen Ausgestaltung der Arbeitsplätze wichtig ist. So umfasst die Ordnung einen Belegungsplan des Gebäudes, u.a. mit maximalen Belegungszahlen für die Veranstaltungsräume. Diese Dokument sollte der Personalrat stets einfordern und die Dienststelle hat dieses auch vorzulegen.

Die Sicherstellung der Lehre an Hochschulen ist eine

zentrale und gesetzlich abgesicherte Aufgabe (Hochschulgesetz). In diesem Sinne könnte die Dienststelle für eine Einschränkung der Mitbestimmung plädieren. Andererseits wird der Personalrat in der Mitbestimmung erst seiner Aufgabe gerecht, die Anwendung der gesetzlichen Vorschriften z.B. im Arbeitsschutz zu erwirken. Insofern wird es einer vertrauensvollen Zusammenarbeit obliegen, wie in einem konkreten Fall zu handeln ist. Jedenfalls wird ein verständiger Personalrat bei vorliegender Notwendigkeit für einen solchen Neubau keine Bauverzögerung betreiben wollen, andererseits wird sich die Dienststelle nicht gerne vorhalten lassen wollen, gut begründete Wünsche des Personalrats gänzlich unbeachtet zu lassen, insbesondere dann, wenn sie vom Gesetzgeber gefordert sind.

5. Initiativrecht bei Baumaßnahmen[23]

Der Personalrat hat nach dem Landespersonalvertretungsrecht an zwei Stellen ein Initiativrecht zugestanden bekommen. Zum einen ist dies der § 64 Nr. 1 LPVG, der dem Personalrat zugesteht

> „Maßnahmen, die der Dienststelle, ihren Angehörigen oder im Rahmen der Aufgabenerledigung der Dienststelle der Förderung des Gemeinwohls dienen, zu beantragen"

Dieses sehr allgemeine Initiativrecht wird in den mitbestimmungspflichtigen Angelegenheiten des § 72 LPVG durch das Initiativrecht nach § 64 Abs. 4 erweitert, indem dem Personalrat wie der Dienststelle ein gleichwertiges Vorschlagsrecht zukommt, das durch die gleichen Instanzen geprüft werden kann wie auch die Maßnahmen der Dienststelle. Der § 64 Abs. 4 lautet in den Sätzen 1 bis 3 wie folgt:

[23] Vgl. Ramm: Beteiligung des Personalrats bei baulichen Maßnahmen. ZfPR 2014. S. 25-26

„Im Rahmen seiner Aufgaben nach § 72 kann der Personalrat in allen personellen, sozialen, organisatorischen und sonstigen innerdienstlichen Angelegenheiten Maßnahmen bei der Dienststelle beantragen, die die Beschäftigten der Dienststelle insgesamt, Gruppen von ihnen oder einzelne Beschäftigte betreffen oder sich auf sie auswirken. Der Personalrat hat die Maßnahme schriftlich vorzuschlagen und zu begründen. Die Entscheidung über seinen Vorschlag ist dem Personalrat innerhalb von zwei Wochen nach Zugang des Vorschlags bei der Dienststelle mitzuteilen."

Beide Initiativrechte können in Bezug auf Baumaßnahmen oder Anmietungen zum Zuge kommen. So kann etwa der Personalrat zur Verringerung der Nebenkosten die Anmietung anderer als bisher genutzter Räume anregen (Förderung des Umweltschutzes, Kostenersparnis).

Gravierender ist natürlich das Initiativrecht gemäß § 66 Absatz 4, weil hier der gesamte Zug durch die Rechtsinstanzen für das Gremium möglich ist. Allerdings greifen hier nur die Tatbestände des § 72, also z.B. die oben behandelten aus Abs. 4 Nr. 7. Und Nr. 10.

6. Zusammenfassung

Baumaßnahmen und Anmietungsfälle sind aus Sicht einer Personalvertretung stets Einzelfälle, die je einer eigenen Begutachtung bedürfen. Dabei kann das Gremium in Teilen systematisch vorgehen. Neben einem generellen Anhörungsverfahren nach § 74 LPVG ist stets auch die Frage nach den mitbestimmungspflichtigen Maßnahmen im Zuge von Neubau, Umbau oder Anmietung zu fragen. Im Zentrum stehen dabei die Aspekte der Gestaltung des Arbeitsplatzes und des Arbeits- und Gesundheitsschutzes.

Abgeleitet von diesen Beteiligungsmöglichkeiten ergeben sich entsprechende Initiativrechte des Personalrats hinsichtlich entsprechenden Maßnahmen.

Einschränkungen hinsichtlich Mitbestimmung und Initiativrechten sind möglicherweise dann gegeben, wenn es sich um die Erfüllung hoheitlicher Aufgaben der Dienststelle handelt. Innerdienstlich sich auswirkende Maßnahmen bleiben aber in der vollen Mitbestimmung des Personalrats.

Detlef Berntzen

7. Literatur

- Arnim Ramm: Beteiligung des Personalrats bei baulichen Maßnahmen. In: ZfPR 2014. S. 17- 26

- Roland Neubert/Mario Sandfort/Ute Lorenz/Karl-Heinz Kochs: Personalvertretungsgesetz für das Land Nordrhein-Westfalen. Kommentar für die Praxis. Essen: 11. überarbeitete und erweiterte Auflage 2012

ÜBER DEN AUTOR

Der Autor ist seit den 1990er Jahren Mitglied des Personalrats an der Westfälischen Wilhelms-Universität Münster. An der Hochschule war er während dieser Zeit in der Lehrerbildung tätig und hat dort das Zentrum für Lehrerbildung als Geschäftsführer ausgebaut. Seit 2012 ist er hauptamtlich als 1. Stellvertretender Vorsitzender des Personalrats für den wissenschaftlichen Bereich freigestellt.

www.ingramcontent.com/pod-product-compliance
Lightning Source LLC
Chambersburg PA
CBHW071825170526
45167CB00003B/1421